SV

1

Zahlreiche Interpreten der europäischen Situation nach dem Zweiten Weltkrieg haben dem Befund und der Empfindung Ausdruck gegeben, daß Europa seit 1945 aus seiner überlieferten Stellung in der Mitte der Welt herausgefallen sei. Von Kolumbus bis Hitler war es eine gutbegründete gemeineuropäische Überzeugung, daß jenes zerklüftete Kap der euroasiatischen Landmasse, das sich von Lissabon bis Budapest, Prag und Warschau und von Palermo bis Stockholm und Dublin erstreckt, den geopolitischen und ideenpolitischen Brennpunkt des Erdballs darstelle. Ja der Ausdruck »Welt« überhaupt trug bis zum Jahr 1945 eine unverkennbar europäische Färbung, philosophisch so gut wie diplomatisch. »Leute von Welt« – das waren bis vor kurzem ganz einfach die europäischen Eliten. Die europäische Kartographie war führend in dem für die Neuzeit charakteristischen Bemühen, den eben erst in seiner wirklichen Gestalt entdeckten Erdball mitsamt seinen Kontinenten und Ozeanen für Politiker, Kaufleute und Bildungsbürger in den Hochburgen des Westens als ein geheimnisloses Ganzes überschaubar zu machen. Man darf behaupten, daß europäische Globusfabrikanten über Jahrhunderte hin für die konkrete Vorstellbarkeit der bewohnten Erde im ganzen Entscheidendes geleistet haben; sie erfüllten das Bedürfnis nach der quasi göttlichen Übersicht, die inzwischen auf Satelliten-Optiken übertragen worden ist.[1] Es war ohne Zweifel eine genuin europäische Leidenschaft, die weißen Flecken auf den Karten der fernen Kontinente zu vertilgen. Das europäische Amalgam aus Wissenschaft und Kolonialismus hat das politische und geographische Bild der Erde zuerst entstehen lassen – als sei es die natürliche Funktion des Weltganzen, sich von europäischen Interessen erkennen und von europäischen Maßnahmen durchdringen zu lassen. Wenn noch heute der Papst seinen Ostersegen *urbi et orbi* spendet, so artikuliert er so klassisch wie naiv die Weltsicht des römischen und *eo ipso* europäischen Herrschaftsstandpunkts: Welt ist nichts anderes als der naturgegebene Horizont der äußersten europäischen Ambitionen. Kolumbus war noch nicht ganz drei Wochen von seiner ersten Fahrt zurückgekehrt, als Papst Alexander VI. in der Bulle *Inter cetera* vom 4. Mai 1493 schon den Spaniern und Portugiesen die Herrschaftsrechte über die neuentdeckten Welten im Westen zusprach. Ein Jahr war seit der Rückkehr des Entdeckers vergangen, da teilten die beiden iberischen Nationen durch den Vertrag von Tordesillas den neuen Weltkuchen untereinander auf, auch dies mit dem – nachträglich zumindest – unentbehrlichen römischen Segen. Auf den Weltmeeren kreuzten zur Zeit Karls V. die spanischen Fregatten unter der kaiserlichen Devise: *Plus ultra,* dem markantesten Europäerwort der Neuzeit. Seither ist Europäer, wer auf irgendeine Weise an diesem Immer-Weiter Anteil hat. Es ist die motorische Haupt-Formel der Neuzeit. Zugleich ist es das Motto der erzimperialistischen Überzeugung, daß der Entdecker Herr des Entdeckten werden müsse. Nichts ist

Peter Sloterdijk

Falls Europa erwacht

Gedanken zum Programm einer Weltmacht am Ende des Zeitalters ihrer politischen Absence

Suhrkamp

Erste Auflage 1994

Druck: Nomos Verlagsgesellschaft, Baden-Baden
Printed in Germany
ISBN 3-518-40657-4

Stichworte

Wir sehen jetzt, daß der Abgrund
der Geschichte groß genug ist für alle.

Paul Valéry,
La crise de l'esprit

so europäisch wie der Glaube, daß der Entdecker die Rechte des Erfinders oder Schöpfers beanspruchen darf. So wird die Neugier selbst zur Weltmacht; die Europäer lernen glauben, daß es sehr weit bringt, wer sehr weit sieht und sehr weit geht. Es fehlt nicht viel dazu, daß man sagen dürfte, die Welt sei fast ein halbes Jahrtausend lang ein Experiment der neugierigen Europäer gewesen. Nicht umsonst konnten die europäischen Erfahrungswissenschaften sich allen neuen Herren des Globus anempfehlen.

Von 1494 bis 1945 genoß die nunmehr so genannte Alte Welt ihre panoptischen Privilegien in aller Konsequenz: Sie war die Weltregion, der es durch den Gang der Dinge zugefallen war, mehr zu sehen als gesehen zu werden und mehr zu herrschen als zu leiden. Für die europäische Panoptik entstand freilich nicht nur zuerst das wahre Bild von der einen Kugel, auf der die Kontinente und Meere verteilt sind, sondern auch der wahre Begriff von der einen Menschengattung, von der die Europäer sich allmählich als eine privilegierte Partei und Rasse begreifen lernten. Durch ihren Entdecker-Primat wurden die Europäer in das Abenteuer der neuzeitlichen politischen Anthropologie hineingezogen. Ihnen kam zuerst jene Ganzheit des Menschengeschlechts vor Augen, die sich seither bei jeder Umrundung des Planeten erneut bestätigt; diese Ganzheit ließ sich nicht mehr, wie in der römisch bewohnten Welt, als dunkler biologischer Zusammenhang zwischen Reichsbürgern und Barbaren denken; vielmehr mußte jetzt das menschliche Allgemeine, jenseits des Gegensatzes von Wilden und

Zivilisierten, als Einheit der Gattung in der Vielzahl der Kulturen begriffen werden. Europäer sind es gewesen, die zuerst den tiefen Gedanken faßten, daß in allen Zivilisationen Aspekte und Dialekte ein und derselben Gattungsnatur variiert werden: Kulturen und Völker sind Gedichte einer gattungsweiten und von Grund auf vielstimmigen Einbildungskraft. Nicht zufällig lautet eines der Grundworte europäischer Kunstkritik im 19. und 20. Jahrhundert »Weltliteratur«.[2]

So kommt Europa nicht nur die Verantwortung für das kolonialistische Elend, sondern auch die Urheberschaft an dem wie immer getrübten Glanz des neuzeitlichen Gattungsbegriffes zu; exemplarisch hat sich dieser in der Erklärung der Menschenrechte artikuliert. Dies alles ist nur eine andere Art zu sagen, daß Europa in seiner weltgeschichtlichen Schlüsselphase ein »Reich der Mitte« war – nicht jedoch, wie das traditionelle China, einer statischen und defensiven Mitte, sondern das Hauptquartier einer Ausgriffsbewegung, die alles, was sie anfaßte, in Ressource und Einflußzone verwandelte. Die große Folge der Kolumbusfahrt war die Vergegenständlichung der Erde und der Menschengattung durch europäische Bilder und Begriffe – mit Konsequenzen, die man fürs erste in dem Satz »Wehe den Entdeckten« zusammenfassen könnte. Es wäre falsch zu verschweigen, daß das europäische Privileg der Weltanschauung neben imperialen Begünstigungen auch herrscherliche Pflichten mit sich brachte. Wenn Europa das Vorrecht hatte, in seinen Globen und Karten zuerst das Bild der Welt zu kontemplieren, so verspürten einige der Großen unter den Trägern europäischer Weltpolitik doch auch zuerst den Gehalt der Formel vom »Gewicht der Welt«. Dieses Wort – *onus orbis* – war von Anfang an weitaus mehr als eine Floskel zur Selbstüberhöhung des Hauses Austria bei seinen anmaßenden Expansionen in die beiden Amerikas und den Pazifik; in ihm sedimentiert sich die Erschwerung aller Politik in einer Welt nach Kolumbus. Die meisten europäischen Staatsmänner zwischen Philipp II. und Churchill würden gewußt haben, was die allegorische Darstellung aus dem 17. Jahrhundert besagen wollte, die den Kaiser Karl V. als Erdball-Träger porträtierte; auf den Schultern des Kaisers ruhte ein Globus, umspannt von einer Girlande mit der Aufschrift: *O quam grave onus*.[3]

2

dieselben netten Menschen,
dieselbe äußerste Wertlosigkeit.

George B. Shaw,
On Heartbreak House, 1920

Wenn das Jahr 1945 für die europäische Erinnerung zugleich epochale und traumatische Bedeutungen hat, so vor allem deswegen, weil das Ende des Zweiten Weltkrieges mit einer umstürzenden welt- und geopolitischen Lektion zusammenfällt. Diese mag sich seit dem Ende des 19. Jahrhunderts vorbereitet haben – ihre Durchsetzung war doch eine Sache jenes schicksalhaften Jahres. Was Europa für das kommende halbe Jahrhundert an sich und für sich sein würde, erschien symbolisch antizipiert in dem Wettlauf der russischen und der amerikanisch-westalliierten Armeen nach Berlin im Frühjahr 1945. Diese Zangenbewegung sowjetischer und amerikanischer Streitkräfte auf deutschem Boden entwickelte sich für die Generation, die die Befreiung Europas und die Niederwerfung der mitteleuropäischen Faschismen miterlebt hatte, zu einer Szene von hypnotischer Evidenz, weit über die Grenzen der unmittelbar leidenden Deutschen hinaus. Europa wird von den Alliierten befreit – Europa wird von neuen Weltmächten im Westen und Osten in die Zange genommen: In dieser Doppelerfahrung erleben die Europäer von 1945 ihre Urszene, deren quälend dumpfe Bearbeitung sich über zwei Generationen von Nachkriegspolitik hinzieht. Die Gewalt dieser Szene

ist so mächtig, daß sie sehr viel ältere formierende Momente des europäischen Selbstbewußtseins ein halbes Jahrhundert lang zu verdrängen und zu überlagern vermag. Tatsächlich lebt Europa noch viele Jahre nach dem Ende des Weltkriegs wie in einem Schock dahin – es muß sein Heil in Abstraktionen und Routinen suchen. Wiederaufbau heißt das Wort der Stunde. Nur wenige Intellektuelle waren imstande, sich einen Reim darauf zu machen, warum aus der einstigen Mitte der Welt jetzt eine eingeklemmte Zwischenzone, aus dem ehemaligen souveränen Subjekt ein halbmündiges Objekt von Moskauer und Washingtoner Kalkülen werden mußte.
Auch heute ist die Zahl derer nicht groß, die sich mit grundbegrifflichem Ernst Rechenschaft geben über das dramaturgische Resultat der Weltkriegsära: Europa, einst Herzgegend der Kreuzzugsidee, ist im 20. Jahrhundert selbst zum Objekt eines Kreuzzugs geworden. Die amerikanischen Engagements von 1917-1918 und 1941-1945 in den Kriegen der Europäer waren nicht weniger als säkularisierte Kreuzzüge in die Alte Welt; hier gab es ein Heiliges Grab der Menschenrechte, Paris, und andere Gedenkstätten zu befreien, an denen die Pietät von Amerikanern haftete. Erst durch die Ereignisse von 1945 ist Europa wirklich und für sich selbst das geworden, was es nach der Entdeckung des neuen Westens durch Kolumbus in geographischer Hinsicht schon früher, zumindest dem Namen nach, geworden schien: Alte Welt. Das einstige Expansionszentrum, die alte Quelle von Missionen und Exporten, jetzt selbst zum Gegenstand

eines Kreuzzugs geworden, erlitt durch diese Umkehrung der Perspektiven an seinem neuzeittypischen geopolitischen Narzißmus einen epochalen, vielleicht unheilbaren Schaden. Auch Stalin warf auf Ost- und Mitteleuropa den Blick eines furchtbaren Kreuzfahrers. Jalta gab einer Ära den Namen, in der Europa nicht mehr Veranstalter, sondern Thema weltpolitischer Gespräche zwischen neuen Großmächten geworden war. Die moralisch Sensibleren unter den Europäern beugten sich spontan, wie Delinquenten mit Schuldeinsicht, unter die neuen Verhältnisse. Vor allem deutsche Politiker und Intellektuelle nahmen die Umwälzungen von 1945 wie ein gerechtes Urteil an. Präsentierte nicht der Gang der Geschichte eine alles in allem korrekte Quittung über das moralische Debakel des Ersten und die anthropologische Katastrophe des Zweiten Weltkriegs? Auf jeden Fall hatte Europa in allen Nationen sein epochales Privileg, den Anspruch auf den zivilisatorischen Kreuzzug, verloren. Die Vereinigten Staaten standen bereit, um das von ihren Vorgängern verlorene Vorrecht zu übernehmen; auch die Sowjetpolitiker, soweit sie nicht schon früh dem Zynismus erlegen waren, drangen mit Heilsangeboten von der bedrohlichsten Art auf die betäubten Osteuropäer ein. Es sollte bis ins Jahr 1989 dauern, daß die Folgen der Zusammenbrüche im Osten die Europäer dazu drängten, das ebenso pathologische wie realistische Zangen-Weltbild des Kalten Krieges preiszugeben und über sich selbst und ihren Stil des Daseins in der Welt neu und grundsätzlich Rechenschaft zu geben. Seither erleben Diskurse über eine »Wiederkehr Europas« besonders in Deutschland, aber auch in Frankreich, Österreich und in Osteuropa eine muntere Konjunktur.[4]

Um die Modalitäten der »Wiederkehr« besser zu verstehen, ist es nützlich, die Absence Europas in ihren kulturellen und psychopolitischen Merkmalen mit groben Strichen zu charakterisieren. Der Zeitraum von 1945 bis 1989 tritt heute als eine relativ kohärente psychohistorische Einheit vor Augen; deren Zusammenhang besteht, wie man zögernd begreift, im Eintreten und Ausklingen des europäischen Dezentrierungs-Schocks. Wir erreichen – noch immer ungläubig und gezeichnet von dem allesdurchdringenden Unwirklichkeits-Klima eines halben Jahrhunderts – das Ende unseres klinischen Zeitalters. Man darf sogar daran zweifeln, ob es für Menschen nach einer so langen Rekonvaleszenz überhaupt noch eine Entlassung in die Wirklichkeit geben kann. Europas traumatische Lektion von 1945 lag ohne Zweifel in der Demütigung durch seine Befreier. Seither mußte europäische Politik immer auch eine Art Kur für überreizte Patienten bedeuten, die es nie gänzlich wahrhaben wollten, daß sie Rettung von außen nötig gehabt hatten. Wer unter Schock lebt, scheint den Faden seines Daseins verloren zu haben und wird bei seinen Versuchen, die Normalität wiederzufinden, den Eindruck machen, er tue nicht, was er möchte, sondern etwas statt dessen. Die Schockierten von 1945 bilden keine Ausnahme von dieser Regel. Mit einem System von Ersatzhandlungen baut sich der alte Kontinent wieder auf. Für seine Bewohner beginnt eine Ära der Vakuum-Ideologien, die allesamt die Aufgabe haben, den Absturz aus der Mitte der politischen Welt zu interpretieren und zu rechtfertigen. Unter diesem Gesichtspunkt gehören die rechten Doktrinen vom heilsamen Rückgang zu den Quellen der christlichen Demokratie im altabendländischen Humanismus mit den linken Theorien vom absurden Engagement freier Wesen in zufälligen »Situationen« enger zusammen, als es ihren damaligen Vertretern bewußt sein konnte; solche katholisierenden und nihilisierenden Strömungen stehen ihrerseits in einer Linie mit den neuen Pragmatismen, die Europa endlich auf den Kurs einer ideologiefreien Marktwirtschaft anglo-amerikanischen Typs bringen wollen.

Kurz nach dem Ende des Zweiten Weltkriegs machte in der westlichen Hemisphäre der Satz die Runde, der Mensch sei ein Wesen, das »zur Freiheit verdammt« sei. Der Autor des Theorems, Jean-Paul Sartre, hatte mit der paradoxen Formulierung das Merkwort des Existentialismus geschaffen. *Condamné à la liberté:* In keinem anderen Wort kam das primär Erlittene an der neuen Offenheit und Leere der Welt aus einer unverkennbar neu-europäischen Perspektive so klar zum Ausdruck. Jetzt hatte der Heideggersche Terminus Geworfenheit seine große Stunde. Tatsächlich, eine europäische Freiheit, die sich einer solchen *libération* verdankte, hing den Überlebenden an wie ein pathologischer Befund. Besser als andere mußten Franzosen wissen, was es heißt, einer Freiheit ausgesetzt zu sein, die man nicht selbst erkämpft hatte. Belastung durch Befreiung: Sartres Formel brachte nicht seine Zeit, doch deren wunde Stimmung auf einen deutlichen Begriff. Ihren Grundton fand die frühe Nachkriegsära in einem Gefühl der existentiellen Bodenlosigkeit, die man von da an das Absurde zu nennen pflegte: Absurd ist ein Dasein, das sich ohne inspirierende Mission und objektive Aufgabe in eine riesige und abstoßende Welt gestellt sieht. Existieren bedeutet nun: des Wesens beraubt sein und den Mangel an Sein als erste Eigenschaft am Leibe tragen. Darum erscheint jetzt der Mensch als Parasit des Seins – dazu verurteilt, die Dinge zu beneiden und sich nach ihrer Substantialität zu sehnen.

Die Davongekommenen spürten das Zufällige ihres Überlebens in allen Gesten; die gegebene Welt schien mehr denn je von Ausradierungen und Hohlräumen umgeben, gleichsam als Rest einer ungeheuren Subtraktion. Der jähe Ausfall von vierzig Millionen Toten hatte die Atmosphäre in Schwingung versetzt, eine mystische Emission, die an den Lebenden zehrte wie eine grenzenlose Schuld. Für immer schien ein Graben die Individuen von allgemeinen Aufgaben zu trennen, und nur durch einen absurden Sprung konnten Menschen, die sich trotz allem nützlich machen wollten, das Festland der Arbeit an einem konkreten Projekt erreichen. Sich engagieren heißt seither: sich durch den Sprung in eine Aufgabe retten wollen.[5] Ganz treffend hat der Philosoph Günther Anders in seinen Studien *Mensch ohne Welt* den Welt- und Wirklichkeitsverlust der neuen Bodenlosen und Arbeitslosen charakterisiert.[6] Es dauerte mindestens zwei Jahrzehnte, bis die absurde Wolkendecke über der Alten Welt sich lichtete – wenn auch nur, um von neuen Tiefausläufern über dem Atlantik verdrängt zu werden. Die späteren fünfziger Jahre gehörten mehr und mehr den aufbauenden Gesinnungen, wobei eine abstrakte Abendlandfrömmigkeit zur europäischen Erholung ebensoviel beitrug wie Neo-Klassizismen aller Art. In den sechziger Jahren sah man eine neue Sattheit ihre Fahnen hissen. Sie schuf den Hintergrund für neue Wagnisse und neue Sicherheiten, solche der Demokratie und solche des hemmungslosen industriellen Wachstums; beide, Demokratie und Wachstumsoptimismus, mußten sich irritieren lassen von dem Neo-Utopismus und von der moralischen Ungeduld der westlichen akademischen Jugend, die an den obszönen Kompromissen der Älteren Anstoß nahm. In ihrer Empörung erschien eine Vorahnung von der Wiedergewinnung eines realen Welthorizonts für jüngere Nachkriegs-Europäer aus dem Geist radikaler Postulate. Neue moralisch-politische Avantgarden begannen, die Probleme der Dritten Welt wieder als Gegenstände europäischer Mitverantwortung zu begreifen. Zugleich entstand mit der ökologischen Bewußtseinsdämmerung ein Grund zu einem Weltgewinn aus dem Geist globaler Gefährdungen.

Ohne Zweifel brachten die siebziger und achtziger Jahre einen scharfen Generationswechsel in Europa, und mit diesem trat eine frische Farbe von Absurdismus in Erscheinung. Beim Übergang vom Existentialismus zum Konsumismus erreichten die Europäer die neueste, noch immer anhaltende Hochebene ihrer allesdurchdringenden Nachkriegs-Nichtigkeit.[7] Durch ihren Aufenthalt im chronischen Nuklearismus hatte sich bei vielen von ihnen ein extremer Grad der Empfindung für die Entwertung aller Dinge eingespielt. Nicht ohne Folgen wächst eine ganze Generation unter der permanenten Androhung garantierter totaler gegenseitiger Zerstörung heran. Die psychologischen Sedimente des Kalten Krieges sanken in Tiefen, die zu ermessen uns erst bevorsteht: Jeder Zeitgenosse jener Jahre wird für den Rest seiner Lebenszeit vom nuklearen Nihilismus imprägniert bleiben. Zu dessen Symptomen gehört die Empfindung, daß Zeit im Grunde nichts mehr wert ist – sie führt zu nichts, außer zum heillosen Selben; so geschieht es ihr recht, wenn sie spurlos vergeht. Die Vergangenheit ist dimensionslos geworden und wie in einen Punkt gestürzt. Schon die Wochen hinter uns sind Kondensstreifen, die sich schnell entwirklichen. Jahre sind Müllsäcke, die nach Silvester abgeholt werden. Noch nie, so möchte man meinen, war die eben erst vergangene Lebenszeit so würdelos und nichtig wie in diesem letzten Jahrzehnt der europäischen Absence. In der projektlos gewordenen und nur vom Innovations-Rhythmus der Industrien vorwärtsgetriebenen Alten Welt hat der Begriff Abfall auch die Lebenszelle der Zeit, die Gegenwart, erfaßt. Als eine Folge dessen konnte man seit den achtziger Jahren einen neuen Zeitgeist greifbare Gestalten annehmen sehen. Es ist ein Zeitvernichtungsgeist, mit dem der Unernst zum Lebens-Stil und die Entwirklichung der

Welt zum Lehrsatz erhoben wurden. Wo auch das Neue eine Simulation ist, dort erscheint schon die Gegenwart museal. Auch dieser Zeitgeist ist vom Gefühl der Bodenlosigkeit imprägniert, aber nicht mehr jener, die den Absurdismus der späten vierziger und der fünfziger Jahre hervorgetrieben hatte; eine Bodenlosigkeit von veränderter Färbung ergriff von den Europäern Besitz, eine Bodenlosigkeit, die sich in dem Zwang äußert, im freien Fall eine gute Figur zu machen und vor dem nah gefühlten Ende den Schein des schönen Lebens hochzuhalten. Mit einem Wort, der jung-europäische Ästhetizismus hat den klassischen Absurdismus überspielt. Nicht Entscheidung, sondern Erlebnis heißt das Schlüsselwort dieses Jahrhundertendes. Es kommt den Europäern jetzt nicht mehr in den Sinn, sich grundlos selbst zu wählen, wie einst in den grauen Jahren nach dem Krieg. Die große Chance von heute liegt darin, sich grundlos selbst zu verbrauchen. Nicht weil, wie nach dem europäischen Massaker, die Toten in der Mehrheit zu sein schienen, fühlen wir den leeren Raum um uns herum aufklaffen und alle Institutionen wie auf Treibsand stehen – nein, haltlos sind wir geworden, weil die überall aufgelegten Listen von Optionen uns schwindeln machen. Welches Leben sollen wir probieren? Welchen Flug sollen wir buchen? Wir sind bodenlos, weil wir zwischen vierzehn Arten von Dressings wählen müssen. Die Welt ist eine Speisekarte, da heißt es bestellen und nicht verzweifeln. Dies ist der Grund der postmodernen Kondition. Du hast nur dieses eine Leben, also friß dich selber auf, laß nichts von dir übrig, die Reste kommen in den schwarzen Plastiksack. Wir treiben auf dem Ozean der Appetite, Erlebnisbereitschaft hat die Welt entgrenzt. Zwar haben die letzten Konservativen, ob Stoiker, Katholiken oder Preußen, sich Reste eines unzeitgemäßen Glaubens an den Geist ernster Missionen und objektiver Aufgaben bewahrt; die Mehrheiten sind längst zur glaubenlosen Internationale der Endverbraucher konvertiert – um eine Bemerkung des englischen Kulturhistorikers Gellner abzuwandeln.[8] In seiner Eigenschaft als Verbraucher nimmt der Europäer des Jahrhundertendes seine Stellung im Vakuum wahr. Nicht mehr zur Freiheit ist er verdammt, sondern zur Frivolität. Frivol ist, wer ohne ernsten Grund in der Natur der Dinge sich für dies oder das entscheiden muß – es ist das Taubengrün und nicht das Karmesin, das Lachs-Teriyaki und nicht das Lamm-Carré, die Seychellen sind es und nicht Acapulco, Naomi ist es, nicht Vanessa, die Bad Boys, nicht Depeche Mode, es ist Jeff Koons, nicht Markus Lüpertz, die Großen von Honda, nicht BMW, es ist Long Island, nicht Bogenhausen. Alles geschieht im Bewußtsein dessen, daß es ebensogut anders ginge. Ästhetik – die Komödie des Bevorzugens. Wissen, daß man sterben wird und die Kraft aufbringen, nicht Seide zu tragen, sondern raffiniert einfach gestreifte Baumwolle – dazu gehört Größe, und eben die ist den Angehörigen der jungen Generation von europäischen Verbrauchern auf diskrete Weise eigen. In hellen Augenblicken ist man über die eigene Entscheidungsfähigkeit erschrocken. Nun wurzelt die neueste Entschiedenheit nicht so sehr, wie die formidablen

Vitalisten nach Nietzsche glauben wollten, in einem hochenergetischen Willen zur Macht – sie geht aus kleinen, instabilen Spannungsunterschieden hervor. Man könnte ihr regulatives Prinzip den Willen zum Spaß nennen, wenn man unter Spaß das Prinzip der Abfuhr kleiner und kleinster Spannungsmengen versteht. Freilich, was hier Wille zum Spaß heißt, ist kein Ausdruck eines Willens im herkömmlichen Sinne mehr. In der Spaßkultur ist das Bild vom Menschen, der wollen kann, obsolet geworden. Der Spaß ist und hat kein Prinzip, das sich selber ernst nähme; in seiner Mitte gibt es nichts, das wie Grundsätzliches beharrt. Stellungen räumen können, das ist es, worauf es neueuropäischen Spaßsubjekten ankommt. Frivolität ist das Fluidum einer Weltlage, in der sich die Hauptmasse alltäglicher Verhaltensweisen rechtfertigt aus einem Grund im Spaß – das heißt in einer schwachen Differenz bei niedrigstem Gefälle. Das System der Frivolität – so könnte man verallgemeinernd hinzufügen – schwebt über einem Satz vom minimalen zureichenden Grund. Optionen, Launen, Präferenzen müssen genügen, um den Einzelheiten ihren Sitz im Sein zu geben. Durch die neue Metaphysik des Verbrauchs verdunstet der alte ernste Mensch. Man könnte versucht sein, zu glauben, daß wir in philosophischer Hinsicht eine Ordnung der schwachen Gründe betreten haben. Und so geht das Zeitalter der klassischen europäischen Metaphysik, deren Totsagungen schon seit einem Jahrhundert ausgesprochen wurden, erst heute wirklich zu Ende, sofern diese Metaphysik den alten Glauben ausgedrückt hatte, daß nur starke

Gründe, versammelt in einem absoluten Grund, zureichend sind, um Wirklichkeit zu setzen.

Wenn wir hier einen flüchtigen Bogen vom Existentialismus nach 1945 bis zum Ästhetizismus der Erlebnis-, Spaß- und Simulationskultur der späten achtziger und beginnenden neunziger Jahre gezogen haben, so deswegen, weil beides typische Pole der europäischen Absence-Ideologien darstellen. Auch wenn diese Doktrinen starke Resonanzen in Nord- und Südamerika und anderen Gegenden der modernisierten Welt hervorgerufen haben, reflektieren sie doch, jede auf ihre Art, vor allem die psychopolitische Hohlraum- und Zangensituation der Europäer im Zeitalter des Kalten Krieges. Man wird im 21. Jahrhundert darüber staunen, wie gierig nordamerikanische Intellektuelle die Absence-Illusionen aus ihrem europäischen Protektorat importiert haben. Tatsächlich: Ein halbes Jahrhundert lang hat die europäische Philosophie, großzügig assistiert von den literarischen und bildenden Künsten, Weltbilder für abwesende, weltarme und in sterilen Zeichen verlorene Menschen entworfen.

3

Den politischen Köpfen der Nachkriegszeit konnten die typischen Nachkriegsphilosophien nicht genügen: Weder der altabendländische Weihrauch noch der existentialistische Rausch absurder Nüchternheit entsprach den Bedürfnissen der Amtsträger von Paris, London, Bonn und Rom; noch weniger der nihilistische Vitalismus der bildenden Künste, die nun, ohne Anhalt in Vergangenheit und Zukunft, sich immerfort als aktuelle und letzte präsentieren. Den Realpolitikern des Vakuums mußte es darum zu tun sein, einen politisch praktikablen *modus vivendi* für die Zeit nach dem Verlust der Mitte zu schaffen. Dies konnte zunächst nur zu einer Politik der beschränkten, aber nicht ganz vergessenen Ansprüche führen. Erst heute, nach der Lösung der Supermächte-Klammer, sind Europäer imstande, die Fragen nach den prägenden Merkmalen okzidentaler Identität mit neuer Verbindlichkeit zu stellen.

Worauf blicken wir jetzt zurück? Ein zähes Schweben in einer Halbwirklichkeit geht zu Ende, und mit ihm eine Ära der reduzierten Ambitionen und der halbierten Verantwortung, eine Zeit des *understatements* und des Wartens auf Niemand-weiß-wirklich-was. Blättert man in gängigen Darstellungen der Weltgeschichte nach 1945, so fällt auf, mit welcher Einmütigkeit Historiker aller politischen Couleurs die Dezentrierung Europas als das große Resultat der Weltkriegs-Ära konstatieren. Man meint bei manchen

Autoren geradezu eine Erleichterung zu verspüren angesichts des Befundes, daß die Gravitationszentren der Geschichte nun aus der Alten Welt nach Nordamerika und Rußland weitergewandert sind, wo weltbewegende Ideen und weltbedrohende Waffensysteme in Stellung gebracht wurden. Einer der führenden Köpfe der einstigen deutschen konservativen »Revolution von rechts«[9], der Philosoph und Soziologe Hans Freyer, gab 1954 zu Protokoll: »Über das Weltsystem der europäischen Interessen greift seit etwa 1900 das System der neuen Weltmächte hinweg ... eine Weltgeschichte, die nicht mehr die Weltgeschichte Europas ist, läuft an.«[10] Noch gegen Ende der sechziger Jahre blinzelte der hochbetagte Carl Schmitt in den fernen Osten hinüber, um die weltweite Wirkung der Schriften Mao Tse Tungs zu kommentieren: »Auch das ist ein großes Beispiel für die Enthebung Europas aus dem Mittelpunkt der Erde, für das Ende des europazentrischen Zeitalters.«[11] Es gibt in diesen Bemerkungen etwas Ungesagtes, das sich nach 1989 deutlicher fassen läßt. Man hört nun die einst verschwiegene These heraus, daß der europäische und besonders der deutsche Stupor nach 1945 kein Endzustand sein konnte und daß der Phase des Sichkleinstellens zwischen den neuen Supermächten nur der Charakter eines Moratoriums zukommt. Tatsächlich genossen die Europäer, bis in die Spitzen der politischen Klassen hinein, für die Dauer eines halben Jahrhunderts eine Art Urlaub vom Zwang zur großen Politik. Im Klima der Vakuum-Ideologie konnte die Auffassung an Boden gewinnen, es sei eine neue eu-

ropäische Tugend, von der Welt im ganzen keine Vorstellung mehr zu haben.
Zu den positiven, wenn auch sehr risikoträchtigen Folgen der osteuropäischen Implosionen von 1989/90 gehört der Zwang, unter dem die Europäer sich jetzt befinden, den Text ihrer Rolle im Welttheater neu zu lernen. Es mag bei den künftigen Sprechproben nicht unnütz sein, an eine klassische kulturphilosophische Definition Europas zu erinnern, durch die jeder neue Versuch des trügerischen Ausweichens ins Kleine, politisch Harmlose und global Absichtslose von vornherein blockiert wird. Ich meine nicht die Formel des Generals de Gaulle, der nicht müde wurde, seine Vision eines Europas »vom Atlantik bis zum Ural« zu beschwören – eine Formulierung, die vor allem bemerkenswert ist, weil sie die Weigerung ausdrückte, sich unter das Weltbild des Kalten Krieges zu beugen. Ich denke auch nicht an eine Bemerkung Carl Friedrich von Weizsäckers: Europa reiche von San Francisco bis Wladiwostok – ein Satz, der aufhorchen macht, weil er in gelassenem Ton an den fortwirkenden weltzivilisatorischen Charakter des Europäismus erinnert. Anstelle solcher extensiver Definitionen möchte ich an eine Passage aus den Europa-Reflexionen von Paul Valéry aus dem Jahr 1922 erinnern, von der ich glaube, daß sie die noch immer gültige Formel für die europäische Modernisierungsdynamik bietet. Valérys Theorem gibt eine psychopolitische und mathematische Definition Europas als Prozeß und Intensität.

»Überall, wo der europäische Geist zur Vorherrschaft kommt, tritt ein *Maximum* an Bedürfnissen in Erscheinung, ein *Maximum* an Arbeit, ein *Maximum* an Kapital, ein *Maximum* an Ertrag, ein *Maximum* an Ambition, ein *Maximum* an Macht, ein *Maximum* an Eingriffen in die äußere Natur, ein *Maximum* an Beziehungen und Austausch. – Dieses Ensemble von Maxima macht Europa aus, oder das Bild Europas.
Andererseits hängen die Bedingungen dieser Geistesbildung mitsamt ihren erstaunlichen Ungleichheiten offenkundig mit der Qualität der Individuen zusammen – mit der mittleren Beschaffenheit des *Homo europaeus.* Bemerkenswerterweise definiert sich der europäische Mensch weder rassisch noch durch Sprache und Brauchtum, sondern durch Wünsche und Spannweite des Willens . . .«[12]

Mit dieser Intensitäts-Formel vor Augen wird man in Zukunft leichter Abstand nehmen von den Parolen der Vakuum-Ideologie. Das neuzeitliche Europa kann sich nur als ursprüngliche Werkstatt einer Maxima-Politik verstehen: Als solche bleibt Europa die Mutter der Modernität. Begreift man das von Valéry umschriebene »Wesen Europas« – soweit es sich im Prozeß der permanenten kapitalistischen und kulturellen Revolution vom 17. bis zum 20. Jahrhundert manifestiert hat – tatsächlich aus der dynamischen Selbsterfüllung der hier ursprünglich gestifteten Maximierungsformel, dann versteht sich die ominöse »Wiederkehr« Europas fast von selbst. Eher wäre ein andauernder Nicht-Erfolg Europas das Wunder, das zu denken gäbe. Eine Nicht-Weltmacht Europa ist aus systemischen Gründen und, wie unten zu zeigen sein wird, aus Motiven seiner elementaren historischen Programmatik oder Dramaturgie, ein Ding der Unmöglichkeit. Das Prinzip Weltmacht liegt als solches schon an der Wurzel Europas, und dies gilt auf zweifache Weise: alt-europäisch als Übertragung des römischen Reiches auf die nordwestlichen Nationen und neu-europäisch als System des ökonomisch-szientifisch-vitalistischen Maximalismus.

Dieser neuzeitliche Wille zum Maximum – oder zur Kombination von Maxima – unterwirft wesensgemäß die Welt als ganze der Form des Experiments, und er bleibt seinem Versuch auch dann verpflichtet, wenn der Experimentator für eine Weile von katastrophalen Nebenwirkungen aus der Fassung gebracht werden sollte. Insofern – und das mag schrecklich klingen – kann es Europäern »im Prinzip« nichts anhaben, wenn über einige Jahrzehnte hinweg der Eindruck entstanden ist, das Momentum der geschichtlichen Bewegung habe definitiv neue Aktionszentren im Osten wie im Westen ausgebildet. Wenn Europa, wie von Weizsäcker sagte, sich tatsächlich von San Francisco bis Wladiwostok erstreckt, dann ja vor allem deswegen, weil sowohl die Vereinigten Staaten von Amerika als auch die vormalige Sowjetunion gleichsam europäische Auswüchse darstellten, genauer gesagt: historische Laboratorien, in denen Motive des europäischen Maximalismus durchgespielt und auf konkurrierende Optimierungspfade hin getestet wurden. Daß nun vor allem in dem US-amerikanischen Labor Ergebnisse produziert wurden, die zu einem eigentümlichen neuen Zustand von Zivilisation führten – weit über den europäischen Input hinaus –, ist ein Effekt, der uns hier nicht weiter beschäftigen soll.

Unter dieser Optik aufgefaßt, war der sogenannte Kalte Krieg Europas innerste Angelegenheit. Eingespannt in die nukleare Zange zwischen Moskau und Washington, sahen die scheinbar passiven und zu Geiseln gemachten Europäer 40 Jahre lang zwei glückspolitischen Großversuchen zu, in denen genuin europäische Hypothesen auf den weltgeschichtlichen Prüfstand gebracht worden waren. Demnach war der Kalte Krieg nicht nur der eigentliche Dritte Weltkrieg, der sich, der nuklearen Waffentechnologie entsprechend, von vornherein nur noch als Simulationskrieg abspielen konnte[13]; er war zugleich und mehr noch die Konkurrenz zweier Intensivierungsprojekte, die beide in der Tiefenstruktur denselben Testgesetzen unterlagen. Nur deswegen konnte es hier einen Verlierer ohne militärische Entscheidungsschlacht geben, ein unter anderen Prämissen undenkbares Novum in der Geschichte von Imperien. Hinter dem militärischen Wettrüsten der bipolaren Ära stand eine profundere Wette über die Güte des Lebens selbst – ein politisch-ökonomisch-psychologisches Großexperiment des Wettlebens, Wettproduzierens, Wettgenießens, das sich in den Ereignissen von 1989 vorläufig-endgültig zugunsten des liberalkapitalistischen anglo-amerikanischen *way of life* entschieden hat. Michael Gorbatschows geschichtliche Bedeutung zeigt sich darin, daß er sich noch nicht – wie Jelzin – als Staatschef eines neuen Großrußlands verstand, sondern als letzter rechtmäßiger Erbe Lenins; in dieser Eigenschaft blieb er der Versuchsleiter des europäischen glückspolitischen Experiments Sozialismus-Kommunismus; als Träger dieser Rolle hatte er aus dem Scheitern des Großversuchs vor aller Welt die notwendigen Konsequenzen zu ziehen – und erst nach der Erledigung des Schlußprotokolls zu einem mißlungenen Projekt, an dem die *ganze* Welt lernte, konnten und durften nach-leninistische Politiker die Bühne betreten, um neue Nationalitätsinteressen oder eine neue großrussische Idee zu promovieren. Gorbatschows zögernde, doch gewaltarme Kündigung des sowjetischen Projekts läßt sich als ein Beweis dessen interpretieren, daß das Experiment Kommunismus letztlich doch unter fallibilistischen Regeln stand und somit ein wie auch immer problematischer Teil des Projekts der Moderne war, anders als die mittel- und südeuropäischen Faschismen, die im Kern Züge einer paradoxen Revolte gegen die Modernität trugen. Die zusammengebrochene Sowjetunion bietet heute den Anblick eines verwüsteten Labors, in dem eine unerträglich opferreiche Serie von Versuchen über die europäische Idee der schrankenlosen Intensivierung von Macht und Leben abgebrochen wurde – abgebrochen freilich nur in der Aussicht darauf, so schnell wie möglich durch eine eher erfolgversprechende Maximierungsstrategie ersetzt zu werden.

Angesichts dieses Befundes wäre die Annahme, Europa könne in irgendeinem wesentlichen Sinn demissioniert haben, völlig abwegig. In globalen Kontexten betrachtet, ist der Europäismus mächtiger und aktueller denn je. Und wenn das Augenmerk der Ereignishistorie gegenwärtig auf den Mutterkontinent der Modernität zurückschwenkt, so zeigt dies an, daß das europäische Selbstintensivierungs-Programm[14] auch in seinen alten Kernländern mit großen Erfolgen weiterwirkt. Es könnte der Eindruck entstehen, die Rückschläge von 1914 bis 1945 seien nur Irritationen, nicht aber Widerlegungen des Grundansatzes gewesen. Vielleicht spielt in der neu-europäischen Frivolität das Motiv eine Rolle, daß die aktuellen Generationen arbeiten und genießen müssen, als sollten sie für die verlorenen Generationen vor ihnen Stellvertretung leisten. In vielen Hinsichten bot das Vakuum nach 1945 ideale Bedingungen dafür, das Experiment der europäischen Glückspolitik weiter zu radikalisieren, zumal in Deutschland, wo der Neubeginn in einer idealtypischen Nacktheit vollzogen werden konnte. Die erfolgreiche Integration der Westdeutschen in den nordatlantischen Komplex hat einen Beweis dafür geliefert, daß der Europäismus als Experiment der unbedingten Macht- und Lebenssteigerung bis auf weiteres das System aller Systeme darstellt.

4

Die eben gebrauchte Formulierung vom »Wesen Europas« wird aus mehreren Gründen bei vielen Befremden und Widerstand hervorrufen. Nicht nur haben sich Intellektuelle der Alten Welt seit einiger Zeit darauf geeinigt, daß Europa ein Rätsel ohne Lösung sei – undefinierbar und überkomplex, ein Gesamtkunstwerk aus lauter Zerrissenheiten; auch haben viele Historiker die Suche nach einem Kriterium der Europäität aufgrund mangelnder Erfolge aufgegeben. So umkreisen die heute tonangebenden Ideologen der Vielfalt und der Durchmischung einen Komplex von Zufällen namens Europa, an dem sich bei näherem Zusehen alles, einschließlich des Namens, in ein Knäuel aus Unschärfen und Unterschieden auflöst. Dieser Agnostizismus freilich gehört seinerseits zum ausklingenden Zeitalter der Absence – und nur solange die Vakuum-Ideologie noch immer werbekräftig wirkt, können Doktrinen des kognitiven Defaitismus in Sachen europäischer Identität auf breiteren Beifall hoffen. Solange kann auch die Dummheit geistreich auftreten und Eindruck machen mit der Leerformel, Europa sei nur als »die Einheit seiner Differenzen« oder als »Ensemble seiner Widersprüche« zu denken. In Wahrheit beweisen solche Reden nur, daß dieser außerordentliche Subkontinent seine Meinungen über sich selbst immer noch aus dem Mund von Doktoranden und Gastkommentatoren übernimmt. Im Sog der Vakuum-Ideologie werden politische Orientierungen durch kapriziöse Identitätsdiffusionsproblematiken ersetzt. Es sind häufig die Profiteure des Vakuums, nicht zuletzt Künstler minderen Ranges, die mit Leerformeln zum Lob der Vielfalt und Andersheit die europäische Traumzeit zu verlängern trachten.

In Wahrheit ist die Frage nach dem Wesen Europas weder mysteriös noch unbeantwortbar. Man stößt auf die Antwort in demselben Augenblick, in dem man die unfruchtbaren Forschungen nach den wahren Grenzen und ursprünglichen Volkstümern Europas auf sich beruhen läßt. Europa hat wohl weder eine substantielle volkshafte Basis, noch solide östliche und südöstliche Grenzen, noch eine eindeutige religiöse Identität. Aber es hat eine typische »Form«[15] und ein eigentümliches dramatisches Motiv, das sich im größten Teil seiner Geschichte in unverkennbaren Szenen durchsetzt. Es genügt, sich die Optik eines Dramaturgen anzueignen, um das europäische Spiel in seinen Umrissen klar zu erkennen. Nicht: Wer gehört aufgrund welcher Kriterien und Traditionen zu einem »eigentlichen« Europa, muß die Frage lauten, sondern: Welche Szenen spielen die Europäer in ihren historisch entscheidenden Momenten? Welches sind ihre bewegenden Ideen oder aktivierenden Illusionen? Wie kam Europa zu seiner treibenden Geschichte und wodurch hält sich diese in Gang? Woran drohen Europas Macht und Einheit zu scheitern? Die Antworten hierauf liefert jedes anspruchsvollere Geschichtsbuch.

Die quintessentielle europabildende Funktion besteht in einem Mechanismus der Reichsübertragung. Europa setzt sich in Gang und hält sich in Bewegung in dem Maß, wie es ihm gelingt, das Reich, das vor ihm war, das römische, zu reklamieren, zu re-inszenieren und zu transformieren; Europa ist somit ein Theater für Imperium-Metamorphosen; die Leitidee seiner politischen Einbildungskraft ist eine Art Seelenwanderung des römischen Imperiums durch die maßgeblichen und geschichtsmächtigen europäischen Völker. Von diesen haben sich nicht wenige in ihren Hochzeiten zum Glauben an ihre Auserwählung zur Neuauflage römischer Weltherrschaftsideen bekannt. Man könnte also sagen, das Wesen Europas sei sein Engagement in einer jahrtausendeübergreifenden imperialistischen *commedia dell'arte*. Die maßgeblichen europäischen Mächte unternahmen immer erneute Anläufe, ein Reich nachzuspielen, das ihrer politischen Phantasie als unverlierbares Paradigma vorgeordnet blieb. So könnte man geradezu sagen, daß Europäer ist, wer in eine Übertragung des Reiches verwickelt wird. Dies gilt besonders für Deutsche, Österreicher, Spanier, Engländer und Franzosen, in manchen Hinsichten auch für Italiener und Russen. Der Ausdruck *translatio Imperii* ist also nicht nur eine mittelalterliche fixe Idee; er bedeutet mehr als die staatsrechtliche Konstruktion, mit der die sächsischen Kaiser nach der Krönung Ottos I. im Jahr 962 ihre Herrschaftsprogrammatik vortrugen; er ist nicht weniger als die ideo-motorische oder mytho-motorische[16] Zelle aller kulturellen, politischen und psychosozialen Prozesse, aus denen die Europäisierung Europas hervorgegangen ist. Kultur und Politik zeigen in dieser Sache zunächst dieselbe Tendenz und definieren Europa als die Zone, in der die Gebildeten die Sprache der Römer verstehen. Für theologische, philosophische, literarische und diplomatische Sphären ist die Formel von der Einheit Europas in der Latinität[17] bis ins 17. Jahrhundert *cum grano salis* korrekt. Wenn eine tote Sprache nicht sterben will, sondern als Weltsprache in Kraft bleibt, so zeigt das an, mit welcher Macht die Geister des Imperiums umgehen. Die Spanne der Übertragungsprozesse reicht von den Päpsten und Bischöfen des 6. und 7. Jahrhunderts, auf die, neben dem Orts-Prestige, symbolische Reste gesunkener römischer Eminenz übergegangen waren, bis zu den Römischen und Maastrichter Verträgen von 1957 und 1991, die den Westeuropäern des Jahres 2000 ein Minimalimperium des ungehinderten Konsums und freien Verkehrs zu bieten versprechen. Seit anderthalb Jahrtausenden ist Europa eine Prozession, in der die Zeichen einer unvergeßlichen Macht umhergetragen werden. In diesem Umzug wandern Epen und Altäre durch die Nationen: wer Europäer ist, ist immer schon auch Übersetzer.

Was Macht und Einheit Europas angeht, so sind diese von vornherein durch den Umstand gefährdet, daß beim Spiel der Reichsübertragung mehrere Überträger miteinander in Wettbewerb treten, so daß dynastische, territoriale und nationale Differenzen gegenüber den Einungsmotiven eines Zentrums stets die

Oberhand gewinnen. Daher ist Europa von Anfang an auf einer schiefen Ebene – gleichsam schicksalhaft abgleitend vom Idealbild einer effektiven imperialen Kohärenz zur faktischen, in sich zerspaltenen multiimperialen Völkergesellschaft. Zum Bild Europas gehört seit dem Einsetzen seiner spezifischen Mythomotorik bei den Karolingern auch ein dramatischer Faktor an Selbstbehinderungen und Spaltungen, die bis zur Selbstzerfleischung gehen.

Nun war das Reich der Caesaren, dessen Aneignung und Übertragung der Stoff ist, aus dem die politischen Träume der Europäer sind, seiner Natur und Struktur nach ein unwiederholbares Gebilde; schon seinen Zeitgenossen, von den Tagen Vergils und des Imperators Augustus an, erschien es als ein kosmisches *singulare tantum*; es war versehen mit den Merkmalen eines Reichs der Mitte, das die gesamte mittelmeerische Ökumene als zivilisierte bewohnte Welt in sich einschloß, verklärt durch seine immer staunenerregende Erfolgsgeschichte und überhöht durch seine glorreiche politische Theologie.[18] Als Karl der Große im Jahr 800 in Rom die Kaiserkrone des Heiligen Römischen Reiches empfing, ließ er sich von einem älteren Überträger römischer Reichswürden, Papst Leo III., das Erbe eines antiken Charismas unter christlichen Insignien weitergeben. Die vage Idee, ein heiliges Reich zu »erben«, blieb von da an bis zum Beginn der Neuzeit von einem Heilsschimmer umgeben – und noch im frühen 20. Jahrhundert waren in den Träumen der deutsch-österreichischen Massen so viele Funken des alten Glanzes am Leben, daß Demagogen vorfanden, was sich zum Mißbrauch eignete.[19] Nicht zu vergessen ist jedoch, daß in der Reichsübergabe durch den Papst an den Karolinger schon eine massive Geste der Reichsanmaßung im Spiel war, da ja der legitime Träger aller römischen Titel damals – und noch für viele Jahrhunderte – in Byzanz in ungebrochener Kontinuität residierte. Ohne Zweifel orientierte sich Karl an der römischen, genauer der weströmischen Tradition, weil sie allein damals imstande war, die Programmatik eines umfassenden und geweihten Machtgebildes im europäischen Nordwesten zu fundieren. Nichts von dem, was Germanen oder Kelten in jener Zeit von sich aus denken konnten, reichte an die Höhe römischer Imperialität heran. So haben nicht ohne Grund die Titel und Termini des römischen Reichs in »Mitteleuropa« bis zu ihrer Liquidierung durch den neugekrönten Empereur Napoleon I. im Jahre 1806 überlebt.

Bei den neuzeitlichen Versuchen, von diesem singulären *sacrum Imperium* den Plural zu bilden, mußten die selbstgeheiligten und überaus heillosen neu-europäischen Imperien auftauchen, deren Konkurrenz die Katastrophe Europas im 20. Jahrhundert verschuldet hat. Die vielbeschworene europäische Erfindung des Nationalstaats nach der Französischen Revolution hängt wesentlich mit der Aufhebung des einen Reichs in eine Vielzahl von Neu-Reichen zusammen. Um 1900 war Europa eine Manege voller Nationen, die allesamt das schöne Raubtier spielten; Belgier, Deutsche, Engländer, Franzosen, Holländer, Italiener, Portugiesen, Russen und Spanier glaubten mit einigem

Ernst daran, ihr politisches Glück hänge davon ab, ihren Namen auf einen möglichst großen Fetzen des Globus zu prägen. Der europäische Nationalismus war der Pluralismus des Imperialismus – unter seiner Wirkung mußte Europa in die Nationen als Sekten der modernen politischen Theologie, häufig Kulturen genannt, zerfallen. Weil aber Europa zu klein ist, um mehrere offensive Imperien auf Dauer nebeneinander zu beherbergen, lag es in der Natur der Dinge, wenn die national-imperialen Wettbewerbe der europäischen Hauptnationen zu den sogenannten Weltkriegen degenerierten.

Daß in den beiden großen Kriegen der Europäer die Interventionen der Vereinigten Staaten von Amerika den Ausschlag brachten, 1945 gewiß deutlicher als 1918, zeigt an, daß die europäische Mythomotorik nun auch die Amerikaner ergriffen hatte. Ganz verwunderlich ist das nicht: Das seit dem 19. Jahrhundert von einem Kapitol aus regierte Land hat sich als jüngstes Medium der *translatio Imperii* an seinen europäischen Vorbildern vorbeigeschoben. Die klassizistische Architektur von Washington D.C., im 18. Jahrhundert von dem französischen Stadtplaner L'Enfant angelegt, im 20. erst im größeren Umfang ausgebaut, ist ein einziges neurömisches Programm. Denn nicht nur das Reich wird in die Vereinigten Staaten übertragen, auch seine Triumphzeichen wandern mit, heilige wie profane: die Kuppel von Sankt Peter zu Rom entsteht 1863 ein zweites Mal über dem amerikanischen Regierungsgebäude; den Sockel des Lincoln-Memorials von 1922 verzieren in aller Unschuld die Insignien der römischen Exekutivgewalt, die *fasces*, jene Rutenbündel, von denen die europäischen Gymnasiasten lernten, daß sie durch die Liktoren getragen wurden – einer Art Polizei-Eskorte der römischen Konsuln. Wer sieht denn nicht, daß Liktorenphantasien seit 1917 zum Profil US-amerikanischer Außenpolitik gehören? In der Sache geht es beim Aufstieg Nordamerikas zuungunsten Englands und Europas um eine Familienangelegenheit unter Epigonen der Römer. Woran es keinen Zweifel geben kann, ist die Tatsache, daß bei der Übertragung des Reichs zu den Amerikanern die dramaturgische »Form« Europas intakt blieb. Im US-Imperium schaut das moderne Europa die veräußerlichte Gestalt seines eigenen Wesens an. Nichtverstehenkönnen und Nichtverstehenwollen prägen nicht erst seit 1918 das Verhältnis der kontinentalen Europäer zu ihren Nachfolgern auf der atlantischen Übertragungsbühne.

Die frühmittelalterlichen Translationen römischer Charismen nach Aachen, Frankfurt und Wien hatten die Serie von Reichsaneignungen eröffnet, in der die eigentliche Eurogenese geschieht; beim europäischen Globalausgriff im Ozean-Zeitalter ging das imperiale Motiv mit neuen Ansprüchen zunächst auf das katholische Commonwealth[20] der Spanier über; dem folgte das exzentrische Weltreich der Briten; durch seine Erfolge wurde London zur Mitte eines Imperiums königlich privilegierter Abenteurer, Kaufleute und Sklavenhändler, von welchen der erste, Sir John Hawkins, vielgerühmt für seine Herzensgüte, seine

Geschäfte mit afrikanischen Negern im Jahr 1562 aufnahm – im übrigen auf einem Schiff, das den Namen »Jesus« trug.[21] Bei der Übertragung des Imperiums auf die britische Insel trat zur Zeit der ersten Queen Elisabeth der Nordatlantik-Effekt auf, der seither den Gang der europäischen Dinge mitbestimmen sollte: Es sondert sich vom Festland ein europäisches Gegeneuropa ab, das sich vom Kontinent fast so weit entfernt weiß wie später Nordamerika von der Alten Welt.[22] Gegen die britische Vormacht traten nach 1804 das französische Erste Kaiserreich und ab 1871 das Kaiserreich der Preußen und Deutschen auf den Plan – beides schon unverkennbar Gebilde des neu-europäischen kapitalistischen National-Imperialismus. Dessen selbstzerstörerische Dynamik hat sich im Laufe des letzten Jahrhunderts bis zum Überdruß manifestiert. Bei Hitlers Anlauf zu einer kontinentalen großdeutschen Weltmachtstellung fusionierten zuletzt überständige Reste österreichischer und reichskatholischer Imperialität mit hochvirulenten Faktoren des protestantisch-preußischen kapitalistischen Neo-Imperialismus. Zugleich machten sich in der Errichtung des Sowjetimperiums nach 1917 Motive einer Reichsübertragung von Rom über Byzanz nach Moskau geltend. Im selben Jahr beschloß der amerikanische Präsident Woodrow Wilson – in eklatantem Bruch mit der isolationistischen Tradition seines Landes –, das imperiale Erbe für die Vereinigten Staaten anzunehmen und den Kreuzzug nach Europa zu tragen.[23] Daher ist 1917 das Schlüsseljahr, in dem die europäische Mythomotorik zu stocken begann.

Daß also die Europäer nach 1945 den roten Faden ihrer Geschichte vollends zu verlieren schienen, läßt sich im Blick auf die Schicksale der Reichsübertragungsbewegungen im großen mehrfach begründen. Für fast ein halbes Jahrhundert geriet die europäische Mythomotorik außer Sicht, nicht nur weil die Ideologien des Vakuums zur Flucht in die Harmlosigkeit geraten hatten; die Europäer fielen in eine weltpolitische Pause auch deshalb, weil ihr Mythos auf andere politische Körper übergegangen war – vor allem in den übermächtigen Westen. Seit der Reichsübertragung über den Nordatlantik muß sich Europa tatsächlich fragen, worin künftig sein eigentümliches Projekt noch bestehen kann. Wird es auf Dauer zu einer »Kolonie seiner eigenen Utopie« herabsinken, wie Jacques Attali kürzlich mahnend bemerkte?[24] Oder wird Europa seinen konstitutiven Mythos noch einmal aufgreifen und mit Folgen für sich und die Welt umgestalten?

5

Die Zeit für kleine Politik ist vorbei:
schon das nächste Jahrhundert
bringt den Kampf um die Erdherrschaft –
den Zwang zur grossen Politik.

Friedrich Nietzsche,
Jenseits von Gut und Böse No. 208

Die Europäische Gemeinschaft, die nach der Montanunion von 1951 und den Römischen Verträgen 1957 ins Leben trat und die mit den Verträgen von Maastricht sich auf eine höhere Ebene von politischer und ökonomischer Einheit fortentwickeln sollte, war zunächst nicht mehr als ein typisches Konstrukt des Absence-Zeitalters. Europas Politiker von 1950 waren wenn schon nicht zur Freiheit, so doch zum Weitermachen in einem kleinen Rahmen verdammt. Immerhin war für sie klar, daß es mit den National-Imperialismen auf europäischem Boden in Zukunft ein Ende haben müsse, und so setzten sie auf das Naheliegende – auf wirtschaftliche Zusammenarbeit mit vagen Aussichten auf eine spätere politische Integration. Schon die Wahl der EG-Hauptstädte macht die Verlegenheit des neu-europäischen Versuchs ganz deutlich. Mit der Option für Straßburg kam eine Abendland-Ideologie zum Erfolg, die zu den Quellen römisch-katholisch gesegneter fränkischer Einheit zurückstrebte, ganz wie es die christdemokratischen Ideologen der fünfziger Jahre verordnet hatten; die meisten Europa-Parlamentarier, die sich jetzt in Straßburg langweilen und in den elsässischen Küchen Trost suchen, verstehen heute noch weniger als gestern, was in aller Welt sie mit den karolingisierenden Reflexen der Schumann- und Adenauer-Ära zu tun haben. Nichtsdestoweniger agieren sie als beflissene Gefangene einer überholten Idee. Was Brüssel angeht, so war es von Anfang an die Vakuum-Hauptstadt *par excellence*. Brüssel steht für die gewollte Inoffensivität europäischer Politik in der Umklammerungs-Epoche. Nie konnte es etwas anderes darstellen als die Hauptstadt der Ersatzhandlungen. Die vormalige Habsburgerstadt war ein Ort, an dem der stille Übergang von Politik in Verwaltung ohne Kontrast zum *genius loci* angesiedelt werden konnte. Zu seinem Glück war Belgien aus seinen afrikanischen Kolonien ohne irreparable Beschädigung seines Ansehens herausgekommen. Längst fragt kein Mensch mehr danach, wie die Brüsseler Prunkarchitekturen mit der Ausbeutung des Kongo durch den belgischen König Leopold II. zusammenhängen. Als Zentrum eines kleinen und nicht übermäßig kompromittierten Landes war Brüssel mit seiner Mischung aus Stattlichkeit und Harmlosigkeit der beste Sammelpunkt für ein Europa, das noch keinen Weg sah, seine Benommenheit zu überwinden. Tatsächlich, was Europa nach seinem Absturz brauchte, war eher ein Rehabilitationszentrum als eine Hauptstadt, und ein solches ließ sich in der belgischen Metropole zwanglos implantieren: 200 rue de la Loi, Hauptquartier von circa 8000 sogenannten Eurokraten, die ebensogut Eurotherapeuten heißen könnten. Sie verwandelten einen Großteil des Kontinents in eine Kurklinik für Erkrankungen des Bewegungsapparates. Ihre Aufgabe schien es zu sein, eine Betriebsform gemeinsamer Schwächen zu entwickeln. Sie sicherten einer Mehrheit von Europäern während der Absence-Jahrzehnte ein Dasein in zunehmender Schwerfälligkeit bei steigendem Wohlstand.

Diese erste Europäische Gemeinschaft ist durch die Erfahrungen der jugoslawischen Krise über ihre Hohlheit belehrt worden. Man könnte geradewegs sagen: Während der Belagerung Sarajewos ging die politische Traumzeit Europas zu Ende. Indem die Westeuropäer der Zerstückelung Bosniens zwei Jahre lang fast untätig zusahen, schwankend zwischen Indifferenz und ohnmächtiger Empörung, wurden sie auf die obszönen Konsequenzen ihrer eigenen politischen Absence gestoßen. Europas bosnische Schande präsentiert die Rechnung für die Illusionen und Bequemlichkeiten einer ganzen Epoche. Nun zeigt sich, was es kostet, in einer dichten Welt mit Vakuum-Illusionen gelebt zu haben. Immerhin sprechen manche Anzeichen dafür, daß die blamable Widerlegung der ersten Europäischen Gemeinschaft den Auftakt zu einer Neuorientierung bedeuten könnte. Mag sein, daß nach 1989 ein anderes Europa zahnt; vielleicht war das relativ erfolgreiche Sarajewo-Ultimatum im Februar 1994 die erste effektive Geste einer neuen gesamteuropäischen Union, die zu mehr imstande wäre als zum Entsenden von Beobachtern und Tragbahren.

Wie dem auch sei: Niemand kann leugnen, daß jetzt die Grundfragen europäischer Mythomotorik mit einer unvermuteten Heftigkeit wieder auf die Vorderbühne kommen. Es ist, täglich bedrängender, eine Situation entstanden, in der Europas Politiker aus ihrer Verwirrung und Lähmung nicht mehr herausfinden, wenn sie nicht geschichtsdramaturgische Informationen suchen und klare prophetische Orientierungen gewinnen. Wenn das europäische Skript den Bewohnern dieses Subkontinents tatsächlich die Aufgabe vorzeichnet, an Metamorphosen eines so unwiederholbaren wie unvergeßlichen Imperiums zu arbeiten, dann wäre es an der Zeit, verbindlich zu untersuchen, was diese Aufgabe unter den Bedingungen des anbrechenden 21. Jahrhunderts bedeutet. Immerhin können die Europäer an der Jahrtausendwende auf gut zweihundert Jahre des beschleunigten Experimentierens mit Imperium-Varianten zurückblicken – und sie werden die beiden Hauptlektionen dieser Epoche nicht ohne weiteres vergessen: ihre Selbstzerfleischung durch die National-Imperialismen in der Periode von den Napoleonischen Feldzügen bis zu den Weltkriegen und ihre Selbstbetäubung durch die Vakuum-Ideologien während der Umklammerung durch die Supermächte des Kalten Krieges. Wie aber könnte Europa zur Werkstatt einer zeitgemäßen Reichs-Metamorphose werden? Ist nicht längst jedes Denken in imperialen Kategorien bei guten Europäern radikal verpönt? – auch dann, wenn der Begriff Imperium nicht als Affirmation, sondern als vertiefte Übersetzungs- und Verwandlungsaufgabe ins Spiel gebracht wird? Ist überhaupt so etwas wie eine aufgeklärte Mythomotorik für ein Europa nach dem Ende des Vakuums vorzustellen? Läßt sich das Nietzsche-Wort vom »*Zwang* zur grossen Politik« mit zeitgenössischen Inhalten füllen? Können ein zweites Brüssel und eine zweite Union – nach der Beschämung der Europäischen Gemeinschaft bei ihrer ersten politischen Bewährungsprobe in Jugoslawien – von diesem Zwang zur Größe in die Pflicht genommen werden? Wird eine neue Generation von Politikern sich mit visionären Antrieben aufladen, die ihrer neuen Lage gerecht würden? Werden Europäer, aus dem Vakuum entlassen und aus der Absence zurückkehrend, es je wieder lernen, »Großes von sich zu fordern«[25] – wie es ihrem unumgänglichen Wiedereintritt in einen Horizont großer und größter Herausforderungen entspräche?

In diesen Fragen wirkt bereits der Streß, unter dem die politische Einbildungskraft der Europäer zu sich gebracht wird, wenn sie erwachen, ohne zu regredieren. Europäer erfahren künftig die Macht des Schicksals wieder von der aktiven Seite her; ihr Schicksal ist die Nötigung, ihr Schicksal selber neu zu konstruieren. Weil sie aber bereits Geschöpfe eines alten Dramas sind, können ihre neuen Selbstkonstruktionen nur Nachschöpfungen und Umschreibungen des eurogenen Grundmythos sein. Wenn Europäer sein bedeutet, auf dem Improvisationstheater der Geschichte nachrömische Reichsgebilde aufzuführen, so wird die kommende Generation erneut zu zeigen haben, wie sie es mit dem Imperium hält. Auch die neueste europäische Translation des unwiederholbaren Reiches wird unweigerlich ein Kapitel der gewundenen und schwerbeladenen Geschichte bilden, die vor 1500 Jahren durch die alteuropäischen Reichsüberträger eröffnet wurde: die römischen Bischöfe am ersten Beginn, die Karolinger, die Ottonen, die Staufer in der Folge, sodann die Habsburger in ihren österreichischen und spanischen Linien, ferner die Missionsorden, die britischen Abenteurer-Kapitalisten und Menschenhändler, die Bourbonen und die Zaren, und zuletzt die Kaiser und charismatischen Usurpatoren der Moderne, Napoleon I., Wilhelm II., Lenin und Hitler.

Vor einem solchen Hintergrund liegt auf der Hand, warum gute Europäer der Gegenwart sich vor ihrem »Eigenen« zu fürchten gelernt haben. Aus gutem Grund suchen die besten europäischen Intellektuellen nach subversiven Traditionen und Verfahren, die das Fremde im Eigenen, das Andere im Selben offenlegten. Ja, wenn Europa ein Weib wäre ... Sollte die politische Einbildungskraft der Europäer noch einmal offensiv anspringen, dann nur, wenn sie von dem Elan ergriffen würden, eine ganz neuartige und verfremdende Fortsetzung ihrer Geschichte zu erfinden. Es müßte eine Fortsetzung sein, die eine fundamentale Korrektur an ihrer überlieferten imperialen Mythomotorik ins Werk setzt. Die Intelligenz Europas ist jetzt herausgefordert, ihre Schicksalsmaschine umzubauen. Diesmal wird es nicht um eine erneute Reklamation des Reiches durch ein großwesteuropäisches politisches Subjekt mit Sitz in Brüssel gehen; es kommt den Europäern weder heute noch morgen zu, zum soundsovielten Mal die Römer zu spielen. An einem »supranationalen Leviathan«[26] namens Europäische Union kann kein einsichtiger Zeitgenosse im Ernst ein Interesse haben. Die Aufgabe, an der sich heutige und künftige Europäer zu messen haben, lautet vielmehr, das Prinzip Großmacht oder Imperium selbst in einer historischen Metamorphose aufs Spiel zu setzen. Der Zwang zur großen Politik erscheint heute in der Herausforderung, die Imperialität des Großmachtgebildes selbst aufzubrechen und dieses zu einem Mitspieler auf der Bühne einer künftigen Weltinnenpolitik zu transformieren. Europa wird das Seminar sein, wo Menschen lernen, über das Imperium hinaus zu denken. Wenn diese Aufgabe etwas Unerhörtes an sich hat, so müßte sie eben dadurch die europäische Intelligenz in ihren besten Eigenschaften ansprechen. Ist es nicht gut europäisch, die Welt mit Neuheit zu überraschen? In einem anspruchsvollen Sinne Europäer sein heißt heute: die Revision des Imperium-Prinzips als höchste Aufgabe der Theorie wie der Praxis begreifen. »Europa denken«[27] bedeutet zwar, wie gezeigt, zunächst die Mythomotorik von Reichsübertragungen denken; aber die Pointe der Denkaufgabe ist jetzt darauf gerichtet, die Imperialität selber auf eine trans-imperiale oder nach-imperiale politische Groß-Form zu übertragen. Es geht nicht mehr darum, durch Reklamation alt-europäischer Modelle neu-europäische Mächte in Form zu bringen (wie die irreführende karolingisierende Straßburg- und Aachen-Symbolik es einst implizierte), sondern darum, das Prinzip Reich selbst in einem weltgeschichtlichen Akt politischer Formschöpfung durch das Prinzip Staaten-Union aufzuheben. Als multinationale Föderation muß Europa ein erstes erfolgreiches Modell für die fehlende Zwischengröße zwischen den Nationalstaaten und den Organisationen des *United-Nations*-Komplexes entwickeln. Dies ist das unumgängliche Thema einer künftigen europäischen politischen Philosophie. Von dieser ist schon jetzt zu sagen, daß sie sich nur als Prozeß-Philosophie des Post-Imperialismus verwirklichen kann.[28]

6

Europa muß heute eine andere Form der Einheit erfinden als die eines Reiches.

Jacques Le Goff,
Das alte Europa und die Welt der Moderne

Die Aussicht auf eine neue politische Formschöpfung jenseits des Imperiums – über den Nationalstaaten mit den Nationalstaaten – macht eines deutlich: Zukunftspolitik ist in weitem Ausmaß von einer Modernisierung der visionären oder prophetischen Funktion der Intelligenz abhängig. Durch Visionen setzen sich Menschen seit dem Beginn weltgeschichtlicher Zeiten in ein Verhältnis zu großen und größten Zusammenhängen. So gibt es keine wesentliche Macht ohne Tradition ihrer Vision des Großen – denn groß wird nur, wer Großes sieht; Sehkraft für Großes wird aber in riskanten Erziehungen erlernt und überliefert. Ihre Übung stiftet in allen Reichen eine mehr oder weniger esoterische seelische und logische Athletik, die sich mit politischer Geographie und Strategik verbindet.[29] Daher entstehen in den Imperien, und mit ihnen, zum Teil auch gegen sie[30], Religionen und Philosophien, die den Horizont ausleuchten; sie denken die Welt als ein Ganzes aus Manifestem und Verborgenem und deuten die Macht als Geschenk der Ursprünge. So haben die Römer seit Vergil die Erfolgsgeschichte ihres Reiches als politische Heilsgeschichte vorgestellt. Bei Vergils Idee, daß das Reichsganze seine Entstehung aus dem jahrhundertelangen römischen Kriegsglück einer göttlichen Vorsehung verdanke, mußten die nachfolgenden europäischen Universal- und Regionalimperien unvermeidliche Anleihen aufnehmen. Deswegen konnte man Vergil einen »Vater des Abendlandes« nennen. Die europäische Mythomotorik übernimmt mit der politischen Formidee Imperium von den Römern zugleich eine Neigung zur politischen Theologie des Reichserfolges. Beim Reich, und nur bei ihm, so heißt es hier, ist Egoismus heilig. Nur weil die Erfolgsgeschichte, die zur Reichsbildung führt, mehr sein soll als ein Würfelwurf aus Zufall, Gier und Verbrechen, strahlt vom *sacrum Imperium* eine Aura von unbedingter Nachahmungswürdigkeit aus. Alle ältere Metaphysik hielt an der Überzeugung fest, daß nichts zustande kommt und besteht, was nicht von Ursprungsmächten beglaubigt ist. Die politische Metaphysik der alten Imperialität wollte immer, daß aus einer Erfolgsgeschichte im Großen auch eine Wahrheitsgeschichte herausleuchtet.

Es lag in der Natur ihres historischen Drehbuchs, daß die Europäer mit dem Reich auch spezifische Formen der Reichs-Heiligung zu übertragen versuchen mußten. Wenn sich die Kaiser des Reiches und die Könige der Nationen bis an die Schwelle der Neuzeit als Amtsträger von Gottes Gnaden beschrieben, so taten sie dies ganz im Geiste einer kontinuierlich von den Römern her kommenden politischen Theologie des Staatserfolges. Als nun die neuzeitlichen Völker ihre Könige ablösten, übernahmen sie von diesen sofort auch die Geste, ihren Anspruch auf Macht unter heilige Zeichen zu stellen. Auf Sonnenkönige folgen in Europa Sonnenvölker. Sie werfen sich, so gierig wie selbstbewußt, als Nationen von Gottes Gnaden auf die fernsten Kontinente. Bei ihren Angehörigen werden Ehrgeiz und Sendungsbewußtsein ununterscheidbar. Die typische Geste des neuzeitlichen Europa – häufig unter dem trügerischen Titel Nationalismus diskutiert – war jener manische Expansionismus, der sich aus dem Glauben an die eigene Auserwählung zu weltweiten Herrenrechten herleitet. Erwählungsphantasien sind der Stoff, aus dem die europäischen Nationalimperialismen sind. Ohne den Glauben, einem auserwählten Volk anzugehören, hätten die Briten sowenig wie die Spanier, die Franzosen sowenig wie die Deutschen und sogar die Belgier ihre vorgeblichen oder wirklichen Missionen an den kolonialen und imperialen Fronten durchführen können. Es ist grundlegend für alle manische und imperiale Politik, daß ihre Träger den Gott der Erfolge auf ihrer Seite sehen. Nicht abwegig wäre die Überlegung, daß die Europäer seit Kolumbus nicht nur von Übertragungen des Reichs angetrieben sind, sondern mehr noch von Übertragungen des Titels eines auserwählten Volkes. Sie verhalten sich, als wären sie nach der Reformation von der Eifersucht ergriffen worden, den Juden ihr theologisches Privileg abzujagen. Gewisse Passagen der neueren europäischen Geschichte erschienen um vieles durchsichtiger, wenn man den maßgeblichen handelnden Völkern die Ambition unterstellte, zu beweisen, sie seien doch die bei weitem besseren Juden.

Von all diesen fast schon vergessenen Geheimnissen manischer Politik kann sich ein »wiederkehrendes«

und erweitertes Europa nichts unmittelbar zu eigen machen. Moderne politische Systeme müssen ihre Erfolge ohne jenseitige Stützen denken. Außer einer winzigen Minderheit von Thomisten wird kein intelligenter Europäer heute imstande sein, die Handschrift einer göttlichen Ordnung in den Institutionen der westeuropäischen Nationalstaaten und ihres Brüsseler Überbaus zu erkennen. Auch eine neue Weltmacht Europäische Union würde ihren Vergil nicht finden. Mit der bloßen Glorifizierung der erfolgreichen Macht ließe sich kein europäischer Superstaat mehr machen. Sicher ist aber, daß eine zeitgemäße säkulare Europa-Politik angeben können muß, welche Vision von dem Großen, das sie meint, für sie gelten soll. Sie muß imstande sein zu sagen, worin die Vorzüge bestehen, die Europas Recht auf Erfolge für das kommende Jahrhundert begründen.

Falls Europa erwacht: werden sofort die Hilfskonstruktionen der Vakuum-Ära – und das heißt vor allem: die Europäische Gemeinschaft der Römischen Verträge samt Weiterungen bis hin zum Maastrichter Vertrag – in Richtung auf ein realistisch und somit größer formatiertes Europa überschritten. Falls Europa erwacht: dann wird die absurde und lustlose Nachahmung der Vereinigten Staaten von Amerika durch die Vereinigten Staaten von Europa des Straßburg-Brüssel-Typus sich in kürzester Zeit erschöpfen; ja, man wird in dieser hilflosen und von Anfang an falschen Idee das politische Hauptmerkmal der Absence-Periode erkennen und sich von ihm wie von einem unnötig gewordenen neurotischen Symptom verabschieden. Falls Europa erwacht: dann wird die Achse Paris–Bonn nicht länger den karolingischen Hochkapitalismus der alten EG repräsentieren; statt dessen würde eine neue Achse Berlin–Brüssel–Paris zu einer Kraftlinie, um die ein großeuropäischer Staatenbund, oder ein Bund aus Bünden[31] sich fortschreitend auskristallisiert. Falls Europa erwacht: dann wird es seine möglichen Mitglieds-Staaten neu durchzählen, und es könnten statt der jetzigen 12, oder der 16 von 1995, tatsächlich 26 sein – wenn die von dem deutschen Diplomaten Hans Arnold vorgeschlagene Liste korrekt erstellt sein sollte.[32]

Damit wird deutlich, was die letzte und aktuellste europäische Translation bedeutet. Die subalterne neokarolingische Kopie der Vereinigten Staaten von Amerika durch die Europa-Politiker von 1957, die nun endlich auch ihre Vereinigten Staaten schaffen wollten, hat nach den Ereignissen von 1989 ihren Sinn verloren. Will man Anerkennendes über sie sagen, so wird man einräumen, daß sie als Krücke in der Traumzeit ihren Dienst getan hat. Nun ist es an der Zeit, die hinderliche Gehhilfe wegzuwerfen. Nur so könnte sich Brüssel aufrichten und zum Fokus eines anderen Europa werden – eines Europa, das den Chancen des Weltaugenblicks auf Augenhöhe begegnet. Zu dieser Geste wird aber nur ein Kontinent bereit sein, der seiner politischen Einbildungskraft eine institutionenschöpferische Geste von epochaler Natur zutraut.

Falls Europa erwacht: Es würde das Kunststück vollbringen, die Vision, von der es getragen und angetrieben werden soll, in eigener Regie und in öffentlicher Debatte hervorzubringen – und dann nach ihr zu handeln, als könnte das selbstgemachte neue Motiv so viele beflügelnde Kräfte freisetzen wie eine alte lange inkarnierte Mission. Quasi autohypnotisch hätten sich Europäer zu dem zu bewegen, was sie zu tun haben, wenn sie sich in Bewegung setzen. Ihre Mythomotorik kann nur noch aufgeklärt, gleichsam über Tage, durch sie hindurch wirken. Niemand hat für sie vorgeträumt, was sie künftig von sich zu verlangen haben. Während amerikanische und japanische Eliten sich wohl künftig wie bisher von kräftigen Strömen aus altem imperialem Enthusiasmus und unzersetztem Auserwählungsbewußtsein tragen lassen können, ist bei Europäern nahezu alles, was an Großem und Neuem zu unternehmen wäre, gegen eine historisch erworbene Skepsis durchzusetzen. Wir wissen es längst: Das Große macht müde – und große Worte scheinen immer falsch. Albert Camus ging seinerzeit soweit zu sagen, das Geheimnis Europas ist, daß es das Leben nicht mehr liebt.

Daher haben wir heute Grund zu der Behauptung, daß europäische Visionen-Politik die Politik Europas selbst bedeutet. Die Politik als solche tritt unter das Zeichen des hellen Autohypnotismus – oder der rationalen Autosuggestion. Im Grunde gleicht die Lage Europas der eines Großunternehmens, das sich veranlaßt sieht, mit Hilfe von Corporate-Identity-Techniken seine Schwunglosigkeit zu überwinden. Tatsächlich haben Consulting-Experten Wege gefunden, wie man in totgelaufenen Betrieben firmeneigene Enthusiasmen aufbaut. Sie haben hinreichend oft bewiesen, daß es auch für sehr heruntergekommene Unternehmen möglich ist, gegen die eigene Ermüdung aufzukommen. Zu diesem Zweck haben sie psychodramatische Verfahren ausgebildet, wie man an die leerlaufenden emotionalen Motoren der Mitarbeiter herankommt, um sie zu neuen Höchstleistungen aus Überzeugung zu starten.[33] Vergleichbares läßt sich für die europäische Visionspolitik nach 1989 in Aussicht stellen: Die europamüden Europäer werden – mit Hilfe von geeigneten Europa-Trainern, um nicht zu sagen Europa-Künstlern – selbst die Vision zu erfinden haben, die sie für das Europa beflügeln wird, das sie meinen. In ihrem Visionentraining erzeugen sie zugleich sich selbst, ihre neuen politischen Formen und ihre Zukunft in der Welt. Insofern ließe sich sagen, daß heute das Projekt – als Visions-Projekt – das Schicksal ist. Darin zeigt sich, was es heißt, die prophetische Funktion zu modernisieren. Prophet ist, wer zu einem autogenen Traum erwacht. Luzides Träumen, wir begreifen es allmählich, ist seit jeher die Hauptfunktion der politischen Kultur. Die Mythomotoren, die den Europäern auf dem Weg zu ihrer entscheidenden Translation des Reiches auf eine großeuropäische kontinentale Staaten-Union den nötigen Schub verleihen könnten, müssen von politischen Ingenieuren, den Projektmachern der europäischen Vision, als helle Träume gebaut und für neue Generationen zur inneren Erfahrung entwickelt werden. Erinnerungen an Karl den Großen und seine Imitatoren werden dabei nicht helfen.

In einem Punkt jedoch wird die Selbsterregung der Europäer durch neue visionäre Selbstvorstellungen weit über die kapitalistische Betriebspsychologie der Korporativen Identitäts-Trainings hinausgehen. Auch als Wirtschaftsunion und Markt-Großraum ist eine großeuropäische Union mehr als eine überdimensionale Firma. Der Name Europas nennt eine Weltgegend, in der auf unverkennbar eigentümliche Weise nach der Wahrheit und nach der Güte des Lebens gefragt worden ist. Auch in modernen Zeiten werden Europäer nie ganz aufhören können zu glauben, daß ein Recht zum Erfolg auf Dauer nur dem Richtigen und Menschenwürdigen zukommt. Nicht zufällig bringen sie in ihren Begriffen von Wissenschaft, Demokratie, Menschenrechten und Kunst etwas von ihrer charakteristischen Wahrheitsidee zum Ausdruck. Diese Begriffe bündeln sich in der europäischen Herausforderung an die Gattung, Lebensformen zu schaffen, die den Menschen als ein von Grund auf reiches und zur Größe fähiges Wesen würdigen. In dieser Herausforderung, an der sich gute Europäer selber messen, hat die europäische Passion ihren unvordenklichen Brennpunkt. Nur wo sie ins Spiel kommt, können Europäer ihre Erfolge nachhaltig wollen und anhaltend schätzen. Nur dann entgehen sie ihrer Müdigkeit und ihrem Nihilismus. Erfolg wollen können heißt sich von einer Wahrheit bewegt wissen, die Depressionen standhält. Nach 1500 Jahren des Experimentierens mit Askesen, Frömmigkeiten, Sehnsüchten, Forschungen und Anstrengungen wissen Europäer – oder meinen zu wissen –, daß es dem

Menschen nie entspricht, arm und enterbt und aufgegeben zu sein. In dem Maße, wie sie dies wissen, sind sie zu größten Anstrengungen fähig. Wenn sie dieses Wissen vergessen, sind sie verlorener und antriebsloser als irgendwer auf der Erde. Somit sind Europäer, sofern sie sich anstrengen, immer auch Rebellen gegen die Misere. Sie träumen mit einem nur ihnen eigenen Pathos von den Künsten – sofern Kunst, als Garant für die Offenheit der Schöpfungen, ihnen das große Gegengift zu allen Versuchungen durch Misere bedeutet. Mehr als irgendwer sonst leiden sie unter der Misere, kein Projekt gegen die Misere vor sich zu sehen. Europäische Verzweiflungen sind darum gefährlicher als die von Angehörigen anderer Kulturen. Mit Recht hat man Europa die Mutter der Revolutionen genannt; eine tiefere Definition würde Europa als den Herd der Revolte gegen das menschliche Elend bezeichnen.[34]

Sobald Europa wieder erwacht, kehren Wahrheitsfragen in die große Politik zurück. Auf Dauer hängen Erfolge Europas von der Fähigkeit der Europäer ab, an ihre Rechte auf Erfolg zu glauben. Eine Chiffre für ihre Erfolgsrechte, die sie der Welt im ganzen entgegenhalten, ist in der Formulierung der Menschenrechte ausgedrückt. Was diese bedeuten, muß in veränderten Zeiten neu gesagt werden. Europas tiefster Gedanke ist, daß man der Verachtung widerstehen muß. Die Unüberwindlichkeit dieses Gedankens gründet darin, daß er auch für müde und besiegte Menschen wahr bleibt. In Europas letzter Reichsübersetzung muß daher seine Absage an die Menschenverachtung, die allen Imperialismen innewohnt, politische Gestalt annehmen. Europas Recht ist seine große Aussage über den Menschen; sein Unrecht lag und liegt in der Ausschließung der meisten aus dem Umfang des eigenen Besten. Dadurch wurde es, nicht erst im 20. Jahrhundert, sondern vom Beginn der Globalisierung an, auch zum Herd eines weltgeschichtlichen Zynismus. Durch jahrhundertelange Gewöhnung an imperiale Optionen für das blanke Unrecht wurden so viele europäische Völker für den Faschismus reif – denn was ist Faschismus anderes als der Aktivismus der Verachtung? Seine aktuelle Form ist der Kult des wahrheitslosen Erfolgs, der in eher unpolitischen Formen auch nach 1945 allenthalben virulent blieb.

Heute schuldet die europäische Intelligenz sich ein Beispiel dafür, daß eine Politik im Großen jenseits des Imperiums und jenseits der imperialistischen Verachtung möglich ist. Die Brüsseler Vorherrschaft über Großeuropa steht vor der Entscheidung, ob sie in einen mehr oder weniger offenen Imperialismus übergehen will, nicht zuletzt unter dem Eindruck von suggestiven Szenarien, die einen Wirtschaftsweltkrieg zwischen den USA, Japan und Europa sowie einen Infiltrationsweltkrieg des Südens gegen den Norden prophezeien – oder ob es begreift, daß seine Chance in der Übertragung des Reichs auf ein Nicht-Reich, eine neue Union politischer Einheiten, liegt. Entscheidet es sich für ein neues Imperium, so verliert es die Reste seiner Seele und zieht sich den Untergang durch Verwahrlosung in den nächsten drei Generationen zu.

Mit der imperialen Allianz von Ambition und Zynismus alleine kommt keine moderne Kultur auch nur mehr 100 Jahre weit.
Nur die Nicht-Einwilligung in jede Art von Verachtung gäbe einem neuen Europa den langen Atem der Wahrheit, der innerste Ansprüche auf Erfolge trägt. Allerdings ist nicht zu leugnen: Europa kommt, falls es erwacht, zu sich am Vorabend eines Zeitalters der Stürme. Den Zeitgenossen, die in die Zukunft blikken, mag zumute sein, als blätterten sie in einem Katalog angekündigter Miseren. Sie mögen sich aufheitern mit dem Wort des portugiesischen Seehelden und Weltumseglers Vasco da Gama, der seiner verzweifelnden Mannschaft bei einem Orkan im Indischen Ozean zurief: Vorwärts, Kinder, das Meer zittert vor euch. Die neue Politik beginnt für uns mit der Kunst, Worte zu schaffen, die an Bord der Wirklichkeit den Horizont aufzeigen.

Nachbemerkung

Wer den Essay als schriftstellerische Gattung wählt, folgt häufig der Vorstellung, daß die freie Form es dem Autor erlaube, in privilegierter Weise unmittelbar zu den Problemen zu sein. Dies hindert uns nicht daran zuzugeben, daß es Essays nur in der Tradition von Essays geben kann. Es liegt mir daran, mich zu den Anregungen zu bekennen, die ich durch Rémi Bragues Buch *Europe. La voie romaine*, Paris 1992 (deutsch: *Europa – eine exzentrische Identität*, Frankfurt a. M.–New York 1993) und Jean-Christophe Rufins Studie *L'empire et les nouveaux barbares*, Paris 1991 (deutsch: *Das Reich und die neuen Barbaren*, Berlin 1993) empfangen habe.

Anmerkungen

1 Vgl. Oswald Muris/Gert Saarmann, *Der Globus im Wandel der Zeiten. Eine Geschichte der Globen*, Berlin – Beutelsbach bei Stuttgart 1961; Alois Fauser, *Die Welt in Händen. Kurze Kulturgeschichte des Globus*, Stuttgart 1967.

2 Zum Kontext des Ausdrucks vgl. Horst Günther, *»Weltliteratur«, bei der Lektüre des »Globe« konzipiert*, in: ders., *Versuche, europäisch zu denken, Deutschland und Frankreich*, Frankfurt a. M. 1990, S. 104-125

3 Nach W. J. v. Wallrabes *Neue historische Beschreibung des Lebens Karls V.* von 1683 wiedergegeben bei: Alexander Randa, *Das Weltreich. Wagnis und Auftrag Europas im sechzehnten und siebzehnten Jahrhundert*, Olten und Freiburg im Breisgau 1962, S. 33

4 Vgl. Hagen Schulze, *Die Wiederkehr Europas*, Berlin 1990; symptomatisch ist auch, daß der Kindler Verlag Walter Laqueurs Buch *Europe in our Time*, New York 1992, im selben Jahr unter dem aggressiven Titel *Europa auf dem Weg zur Weltmacht – 1945-1992* auf den Markt brachte. Als Prototypen französischer Europa-Diskurse sind zu nennen: Edgar Morin, *Europa denken*, Frankfurt a. M. 1991; Jacques Attali, *Europe(s)*, Paris 1994; daß für die Osteuropäer die Formel von der Wiederkehr Europas vor allem den Sinn von »Rückkehr nach Europa« hat, zeigt sich in den vielen Äußerungen russischer, polnischer, tschechischer, ungarischer und österreichischer Autoren nach 1989; vgl. Vitaly Shurkin, *Großbaustelle Europa*, Bad König 1990, György Konrad, *Die Melancholie der Wiedergeburt*, Frankfurt a. M. 1992, S. 151 ff., Paul Konrad Liessmann, *Der Aufgang des Abendlandes*, Wien 1994

5 Es wäre eine reizvolle Aufgabe der interkulturellen Semantik, den Unterschied zwischen neu-europäischen

»Engagements« und US-amerikanischen »commitments« herauszuarbeiten.

6 Vgl. Günther Anders, *Mensch ohne Welt, Schriften zur Kunst und Literatur*, München, 2. Aufl. 1993

7 Daß diese Phänomene während des Kalten Krieges nicht auf Europa beschränkt blieben, sondern auch in den USA ihr Gegenstück fanden, zeigt der amerikanische Kunstkritiker und Lyriker Peter Schjedahl sehr eindringlich in seinem Essay: *The Hydrogen Jukebox, Selected Writings*, ed. by Malin Wilson, Berkeley and Los Angeles 1991, vor allem in dem Titelessay S. 1-8, wo er den nuklearen Terror der Nachkriegszeit als Voraussetzung für den weitverbreiteten *no-future-no-past*-Effekt in den narzißtisch-nihilistischen Künstlergenerationen benennt.

8 Vgl. Ernest Gellner, *Aus den Ruinen des Großen Wettstreits. Bürgerliche Gesellschaft, Nationalismus und Islam*, in: *Merkur*, 521, Aug. 1992, S. 656

9 So der Titel einer präfaschistischen Programmschrift des Autors aus dem Jahr 1931.

10 Vgl. Hans Freyer, *Weltgeschichte Europas*, Stuttgart 3. Auflage 1969, S. 606

11 Vgl. Joachim Schickel, *Gespräch über den Partisanen*, in: *Gespräche mit Carl Schmitt*, Berlin 1993, S. 19

12 Paul Valéry, *La crise de l'esprit*, in: *Variété 1*, Paris 1924, wiederabgedruckt in *Variété 1 et 2*, Paris 1978, S. 51

13 Zu der These, daß das Wettrüsten in der Sache bereits der Dritte Weltkrieg gewesen sei, vgl. den Aufsatz von Georg Kohler *Krieg, Politik und Markt – Kants Versprechen. Überlegungen am Ende einer großen Konkurrenz*, in: Wolfgang Müller-Funk (Hg.), *Die berechnende Vernunft. Über das Ökonomische in allen Lebenslagen*, Wien 1993, S. 57-80.

14 Zu diesem Ausdruck vgl. Peter Sloterdijk, *Die Mobilisierung des Planeten aus dem Geist der Selbstintensivierung*, in: *Eurotaoismus. Zur Kritik der politischen Kinetik*, Frankfurt a.M. 1989, S. 30-54

15 Einen überzeugenden Vorschlag zur Bestimmung der europäischen »Form« hat der französische Philosoph Rémi Brague vorgelegt: *Europe: tous les chemins passent par Rome*, in: *Esprit*, Feb. 1993, S. 33-40; vgl. ders., *Europe: la voie romaine*, Paris 1992; dt.: *Europa, eine exzentrische Identität*, Frankfurt–New York 1993

16 Den Ausdruck Mythomotorik hat m.W. Jan Assmann in die Diskussion über die Grundlagen der Geisteswissenschaften eingebracht. Vgl. J. A., *Das kulturelle Gedächtnis. Schrift, Erinnerung und politische Identität in den frühen Hochkulturen*, München 1992. Mit dem Konzept der Mythomotorik, d. h. des Antriebs durch formierende oder identitätsstiftende Geschichten, gelingt es dem Autor, die Kohärenz früher nationaler Kulturen wie etwa der ägyptischen, der jüdischen oder der griechischen, über eine lange Folge von Generationen hinweg plausibel zu machen.

17 Vgl. Ernst Robert Curtius, *Europäische Literatur und lateinisches Mittelalter*, Bern 1948

18 Vgl. Fritz Taeger, *Charisma. Studien zur Geschichte des antiken Herrscherkults*, 2 Bde., Stuttgart 1957-60

19 Vgl. Ernst Bloch, *Zur Originalgeschichte des Dritten Reiches* (1935), in: ders., *Erbschaft dieser Zeit*, Frankfurt a. M. 1973

20 So die Charakterisierung des Imperiums des Hauses Austria bei Alexander Randa, *Das Weltreich* (s. Anm. 2)

21 Vgl. Gerd von Paczensky, *Weiße Herrschaft. Eine Geschichte des Kolonialismus*, Frankfurt a. M. 1979

22 Als Winston Churchill in seiner ominösen Züricher Rede vom September 1946 die »Vereinigten Staaten von Europa« forderte, dachte er natürlich keinen Augenblick daran, Großbritannien könne ein Teil davon sein; aus der Sicht des insularischen Imperialismus sind die beiden anderen Ufer, das amerikanische wie das europäische, ungefähr gleich weit entfernt. Nachdem England mit den USA über zwei Jahrhunderte hinweg in

sehr besonderen Beziehungen zu leben gelernt hatte, warum dann nicht auch mit den USE?

23 Noch die Darstellung des Generals Eisenhower von Amerikas Mission im Zweiten Weltkrieg spricht dieselbe Sprache: »Kreuzzug in Europa«.

24 Vgl. Jacques Attali, *Europe(s)*, Paris 1994, S. 9

25 Diese durch Ortega y Gasset abgewandelte Nietzschesche Formulierung habe ich im Rahmen einer Psychohistorie des imperialen Denkens neu zu interpretieren versucht; vgl. *Weltfremdheit*, Frankfurt a. M. 1993, S. 376-381, sowie in dem Kapitel »Staatsathleten« des Essays: *Im selben Boot. Reflexionen zur Hyperpolitik*, S. 26-49. Es geht dabei um eine positive Megalopsychologie, die den Unterschied zwischen Megalomanie und Megalopathie herausarbeitet. Die große Seele ist jene, die das Monströse des Großen in sich durcharbeitet und humanisiert.

26 Eben diesen warnt als unausweichlich Heleno Saña in einer übellaunigen Untersuchung herbei: *Die Lüge Europa. Ein Kontinent bangt um seine Zukunft*, Hamburg 1993, S. 274 f., einem Buch, dem, trotz katalanischer Herkunft des Verfassers, das Prädikat »besonders deutsch« zusteht.

27 So der Titel von Edgar Morins bedeutender Programmschrift *Europa denken*, Frankfurt–New York 1991

28 Vgl. Harald Müller, *Die Chance der Kooperation. Regime in den internationalen Beziehungen*, Darmstadt 1993

29 Dessen Haupturkunden sind in Europa Platos Diolog *Politikós* und Xenophons *Kyropädie*; in Indien der *Arthashatra* – vgl. Heinrich Zimmer, *Philosophie und Religion Indiens*, Frankfurt a. M. 1973, S. 89-135; in China die konfuzianische Reichsethik und diverse Lehrbücher der Strategie wie die berühmte Schrift des Sun Tsu, die auf ca. 330 v. Chr. datiert wird, vgl. Jean Lévi, *Les fonctionnaires divins. Politique, despotisme et mystique en Chine ancienne*, Paris 1989.

30 Die wichtigste gegen-imperiale Weltauslegung der Antike erscheint in der jüdischen Apokalyptik, und diese bleibt bis in die Gegenwart eine Inspirationsquelle von Befreiungsbewegungen und Imperialismuskritiken. Vgl. Richard Faber, *Politische Idyllik. Zur sozialen Mythologie Arkadiens*, Stuttgart 1977. Seit Augustinus den irdischen Staat als eine relativ heillose Ordnung bestimmt hat, finden Christen in der Kirche eine wenn schon nicht offen gegen-imperiale Form, so doch eine Institution, die prinzipiell, obwohl nicht immer faktisch Abstand hält von der Ordnung der Reiche und Staaten.

31 Das Motiv: Bund von Bundesstaaten beziehungsweise Föderation der Föderationen (West-Südbund, Baltischer Bund, Mitteleuropabund, Balkanbund, Nordslawenbund) wurde von Edgar Morin in die Debatte eingebracht, vgl. *Europa denken*, (s. Anm. 3) S. 219

32 Die Arnold-Liste umfaßt folgende 26 »Völker der Art, wie sie nach aller Erfahrung Nationalstaaten bilden können«: Belgier, Briten, Dänen, Deutsche, Esten, Finnen, Franzosen, Griechen, Iren, Isländer, Italiener, Letten, Litauer, Luxemburger, Malteser, Niederländer, Norweger, Österreicher, Polen, Portugiesen, Schweden, Schweizer, Slowaken, Spanier, Tschechen und Ungarn. Vgl. Hans Arnold, *Europa am Ende. Die Auflösung von EG und Nato*, München 1993, S. 38. Im übrigen entspricht Arnolds Formulierung »von Europa nach Europa« – d. h. vom provisorischen EG-Europa zum Groß- oder Realeuropa nach dem Ende der Spaltung – in ihrer Tendenz der hier entwickelten Kritik der europäischen Traumzeit. – In mancher Hinsicht kommt die relativ umfassende, doch konservative Arnold-Liste auch den Visionen Jacques Attalis entgegen, der auf ein noch größeres Europa – eine Kontinental-Union – setzt. »Dann freilich dürfte sich Europa nicht als christlichen Club verstehen, sondern als Raum ohne Grenzen, von Irland bis zur Türkei, von Portugal bis Rußland,

von Albanien bis Schweden; es müßte kulturell den Nomaden gegenüber dem Seßhaften, die Großzügigkeit gegenüber der Selbstbeschränkung, die Toleranz gegenüber der Identität privilegieren, kurzum die Mehrfachzugehörigkeit gegenüber der Ausschließung. Die jüngst eröffneten Debatten über das Recht auf humanitäre Einmischung, das Fremdenwahlrecht, die Staatsbürgerschaft und das Asylrecht bereiten diesen Wandlungen den Weg.« J.A., *Europe(s)*, Paris 1994, S. 196-197

33 Vgl. Andrew Campbell, Marion Devine, David Young, *A Sense of Mission*, 1990, dt.: *Mission, Vision, Strategie. Die Energien des Unternehmens aktivieren*, Frankfurt–New York 1992; das Hauptbeispiel der Autoren ist die Lancierung einer neuen Unternehmensmission für British Airways.

34 Die größte Annäherung Europas an eine affirmative Lehre vom Menschen als einem Elendswesen findet sich im 19. Buch des *Gottesstaates* von Aurelius Augustinus (423) und in dem Traktat *De humanae conditionis miseria* von Lotario di Segni, nachmals Papst Innozenz III. (1198). Aber man darf behaupten, daß die Kultur der Mehrheitseuropäer, soweit sie aus Impulsen der Renaissance und der Aufklärung geformt wurden, anti-augustinisch und anti-innocentisch, kurzum anti-miserabilistisch orientiert ist.